Fröhliche Spielideen

für Regen-, Streit- und Muffeltage, ...

... bei schlechter Laune, zum Wachwerden oder Trösten

Praxisreihe
Kindergarten

Inhaltsverzeichnis

Hallo, Sonnenschein!
So kommt gute Laune in den Gruppenraum

„Hilfe, kann bitte jemand die gute Laune anstellen?" Wenn das so einfach wäre und man Fröhlichkeit wie die Lautstärke des Radios dosieren könnte! Denn an manchen Tagen bräuchten wir sie mehr als sonst. Wir alle, Kinder, Erwachsene, auch die freundlichsten Menschen kennen diese Tage, an denen ,irgendwie der Wurm drin ist'. Dabei bedarf es oft nur eines ganz kleinen Anschubs, um wieder Licht ins Dunkel zu bekommen. In diesem Heft finden Sie Spielideen, die Fröhlichkeit, Harmonie, Frieden oder – je nach Wunsch – etwas mehr Munterkeit in die Gruppe bringen.

Die Sache mit der (guten) Laune

Noch viel mehr als bei Erwachsenen kann die Stimmung von Kindern tages- oder auch momentabhängig sein. Kinder trainieren sich ihre Frustrationstoleranz erst noch an. Was für uns Erwachsene (oft) leichter zu ertragen ist, stellt Kinder häufig vor große Herausforderungen. In morgendlichen Situationen zum Beispiel, für die wir Erwachsene uns im Laufe des Lebens Tricks überlegt, Mechanismen erarbeitet und Erste-Hilfe-Strategien entwickelt haben, müssen Kinder noch ihren Weg suchen. Den ersten Kaffee des Tages genießen oder kurz noch die Zeitung lesen, um besser in den Tag zu kommen: Unsere Erwachsenenrituale stehen Kindern oft noch nicht zur Verfügung.
Zudem nehmen Kinder Enttäuschungen oder Erwartungen an sich selbst viel tiefer, echter und ernster wahr. Häufig fehlt ihnen noch die sprichwörtliche „Elefantenhaut", an der manches abprallt, oder das Durchhaltevermögen, für das man einfach üben muss. Natürlich haben die Erwachsenen nicht das Gute-Laune-Monopol für sich gepachtet. Da sehen wir im Gegensatz zu Kindern tatsächlich eher blass aus. Aber gerade die Frustrationstoleranz durften wir in unserem Leben in der Regel schon häufiger trainieren als Kinder.

Lerchen und Eulen

Wie bei Erwachsenen gibt es auch unter Kindern die sogenannten Lerchen: Sie stehen gern früh auf, fühlen sich dann richtig fit und haben früh am Tag ihr absolutes Leistungshoch. Anders sieht es bei den Eulen aus: Eulenmenschen schlafen gerne etwas länger, brauchen Anlaufzeit, um fit für den Tag zu werden, und sind dafür nachmittags und abends munter, wenn die Lerchen schon bettreif sind. Für „Eulenkinder" sind Kitatage manchmal eine Herausforderung. Das frühe Aufstehen macht ihnen zu schaffen, vor allem im Winter, wenn es morgens noch kalt und dunkel ist. Aber auch Lerchen kommen am späten Nachmittag an ihre Grenzen, wenn Körper und Seele Ruhe brauchen, es in der Kita aber noch hektisch zugeht. Keine Frage: Sie können als Erzieherin nicht jedem zu jeder Zeit gerecht werden und jeder hat auch das Recht, einmal schlecht drauf zu sein. Aber ein kleiner Trick hier und da, um Ruhe und Harmonie in die Kindergruppe zu

bringen, ist erlaubt – und manchmal auch unverzichtbar.

Wenn Sie eine ganze Gruppe voller Eulenkinder haben, dann stellen Sie Ihren Morgenkreis oder Ihre morgendlichen Gruppenaktivitäten einfach darauf ein: Starten Sie gemächlich, mit viel Ruhe und Geduld in den Tag. Lerchenkinder dagegen möchten morgens schon richtig viel Action und lieben Radau, Spaß und Lachen. Holen Sie sie mit bewegungsintensiven Mitmachgedichten, lustigen Lachspielen oder anspruchsvollen Denkaufgaben ab.

Und wenn Ihre Gruppe gemischt ist? Oder wenn Sie selbst ebenfalls einmal einen „Muffeltag" oder einen „Ich-bin-noch-nicht-wach-Tag" haben? Immerhin sind Sie auch nur ein Mensch und können nicht immer perfekt in den Tag starten. Dazu kommt, dass Kinder die Stimmung ihrer Bezugspersonen sehr feinfühlig wahrnehmen und spiegeln können. In diesem Fall sollten Sie sich einfach, wenn irgendwie möglich, ein oder zwei Minuten nehmen, in denen Sie kurz in der Zeitung lesen, einen Kaffee oder Tee trinken oder das tun, was immer Ihnen guttut. In Ihrem Beruf müssen Sie häufig die eigene Befindlichkeit hinten anstellen, darum sollten Sie diese kleinen Rituale, bei denen Sie einige Minuten für sich sind und zur Ruhe finden, auch bewusst genießen (dürfen).

Regen, Streit und dicke Luft

Wenn es richtig heftig regnet oder stürmt, bleiben die Kinder besser drinnen – keine Frage. Aber was, wenn die Kinder dazu überhaupt keine Lust haben? Sobald es eng, heiß und laut wird, entzünden sich Streitereien schon an Kleinigkeiten. Andererseits bieten Drinnentage die Möglichkeit, endlich mal wieder mit mehr Zeit und damit auch mehr Ruhe zu spielen. Auch längere Gestaltungstätigkeiten, Dekorationsaktionen oder Ruhereisen sind perfekt für Drinnentage geeignet. Machen Sie es sich also genau jetzt besonders gemütlich, sorgen Sie für schönes Licht oder hängen Sie gemeinsam Leuchtketten auf. Gönnen Sie den Kindern und sich vielleicht eine Aromatherapie mit Duftbrunnen, Diffuser oder einfach einem feuchten Tuch auf der Heizung, auf das Sie

einige Tropfen Lavendel- oder Mandarinenöl träufeln. Noch mehr unterhaltsame Ideen für schlechtes Wetter finden Sie im betreffenden Kapitel in diesem Heft.

Wie auch immer Ihre Kinder und Sie selbst morgens, mittags oder nachmittags gelaunt sind: Dieses Heft bietet Ihnen schnelle SOS-Ideen – Rituale für die ganze Gruppe, Ruheideen, liebevolle Liedchen, Tröstereime und Kaputtlachspiele, Sportliches und Musikalisches, je nachdem, was Ihnen gerade guttut.

Mit Musik in Schwung kommen

Musik ist toll: Gerade bei schlechter Laune kann das Lieblingslied die Stimmung heben. Sanfte, leise Klänge wiederum helfen dabei, zu entspannen. Oder Sie lassen sich von klassischer Musik davontragen. Auf den folgenden Seiten finden Sie Klanggeschichten, Tänze und Lieder zum Entspannen, Wachwerden und Fröhlichsein.

Die Tiere wachen auf
Ein Klanggedicht vom Bauernhof

Ab 4 Jahren

Wie hört sich ein Hahn an? Und wie muht eine Kuh? Wenn die Kinder das vormachen können, dann sind sie schon echte Bauernhofkenner – und können die Tiergeräusche auch in Klänge übersetzen. Genau darum geht es in diesem Klanggedicht.

Das brauchen Sie

Für jede Tierart ein Klanginstrument nach Auswahl und Idee der Kinder, beispielsweise:

- **Hahn: Pfeife oder Flöte**
- **Ferkel: Schellenstab**
- **Ponys: Holzblock**
- **Gänse: Rassel**
- **Kühe: Trommel**
- **Kater: kein Instrument/Stille**

Als Erstes kräht der Hahn Herr Krach,
macht krähend alle Tiere wach.

Pfeife oder Flöte

Schlägt mit den Flügeln, stampft dazu,
vorbei ist's mit der schönen Ruh'!

Pfeife oder Flöte sehr laut

Da wachen die kleinen Ferkel auf,
dreh'n sich müde auf ihren Bauch.

Schellenstab

Die Ponys traben schon umher,
wiehern, schnauben und freu'n sich sehr.

Klangstäbe

Die Gänse drängen sich am Gatter
mit großem Lärm und viel Geschnatter.

Rassel

Mit großem Hunger muht's im Stall,
Kühe und Kälbchen überall.

Trommel

Jetzt sind fast alle Tiere wach,
Zeit, dass der Bauer Futter macht.

alle Instrumente klingen gemeinsam

Nur einer, der schläft noch, der Kater Herr
Schnauf,
der wacht auch beim lautesten Muhen nicht
auf.

Text nur flüstern, Stille

Tipp: Gedicht ohne Klanginstrumente

Alternativ können die Kinder die Geschichte
auch mit der Stimme begleiten und die Tiergeräusche selbst nachmachen.

Bewegt aufwachen

Auch als Bewegungsgeschichte können Sie
das Gedicht verwenden und es zum Wachwerden gemeinsam nachturnen. Dabei können die
Kinder die typischen Bewegungen der Tiere
nachstellen.

Wer will fröhliche Kinder sehen?

Ein Lied zum Aufwachen und Mitmachen

Zur Begrüßung und zum Wachwerden ein Lied? Dieses Gute-Laune-Lied verbreitet eine fröhliche Stimmung in der Gruppe und lässt sich ganz leicht von allen mittanzen, auch die jüngeren Kinder können schon mitmachen.

Setzen Sie sich in einen gemütlichen Sitzkreis, singen Sie einfach direkt los zur Melodie von „Wer will fleißige Handwerker sehen?". Die Kinder begleiten den Gesang mit Bewegungen, etwa wie hier vorgeschlagen oder selbst ausgedacht.

Ab 1 Jahr

Wer will fröhliche Kinder sehen?
Der muss in die Kita gehen.
Arm in Arm, komm nur her,
gute Laune ist nicht schwer!

zu den beiden ersten Zeilen mitklatschen, dann den Arm um den Nachbarn legen, bei „komm nur her" winken, so, als wollten die Kinder noch weitere Leute in den Kreis holen

Wer will fröhliche Kinder sehen?
Der muss in die Kita gehen.
Hand in Hand, komm nur her,
gute Laune ist nicht schwer!

wie links, aber statt den Nachbarn in den Arm zu nehmen, geben sich die Kinder hier die Hände

Wer will fröhliche Kinder sehen?
Der muss in die Kita gehen.
Fuß an Fuß, komm nur her,
gute Laune ist nicht schwer!

erst klatschen, dann strecken alle Kinder ihren Fuß in die Kreismitte, sodass sich alle Füße berühren und sich so begrüßen können

Hurra, wer wacht auf?
Ein Tanzlied zum freundlichen Wecken

Ab 2 Jahren

Wer morgens noch so richtig müde ist oder einfach einen müden Tag hat, der kann sich mit diesem Lied von seinen Freunden wecken lassen: zuerst leise, dann lauter und dann umso freundlicher.

Bilden Sie mit den Kindern einen Stehkreis. Wer noch sehr, sehr müde ist, darf sich im Kreis auf den Boden legen und umtanzen lassen. Zur Unterlage können Sie eine Decke als „Gras" für die Schläfer auf den Boden legen. Singen Sie die Namen der Kinder an der Stelle, wo im Text die Auslassungspünktchen sind. Je nach Silbenzahl der Namen können Sie den Text leicht abändern, damit er gut zu singen ist: „Der Max hat heute keinen Spaß" oder „Die Leonie hat keinen Spaß". Sind viele Kinder noch müde, wird der Text etwas lang, aber dafür umso lustiger. Singen Sie einfach zur Melodie von „Dornröschen war ein schönes Kind":

… hat heute keinen Spaß, keinen Spaß, keinen Spaß,
schläft lieber noch im dichten Gras, dichten Gras.

die Kinder gehen langsam im Kreis um die Schläfer

Wir tanzen um (den/die) … herum,
… herum, … herum,
und singen für ihn dideldum, dideldum.

weiter im Kreis gehen

(Der/die) …, der/die schläft und wacht nicht auf, wacht nicht auf, wacht nicht auf,
da treten wir mal lauter auf, lauter auf.

stehen bleiben und stampfen

Dann klatschen wir mit großem Lärm, großem Lärm, großem Lärm,
das mag die/der … gar nicht gern, gar nicht gern.

klatschen

Da streicheln wir sie/ihn zart und weich, zart und weich, zart und weich,
da fällt das Aufstehen doch ganz leicht, doch ganz leicht.

das liegende Kind/die liegenden Kinder streicheln

Hurra, hurra, jetzt wacht er/sie auf, wacht er/sie auf, wacht er/sie auf,
der Tag beginnt, wir freu'n uns drauf, freu'n uns drauf.

die Kinder in der Mitte stehen nun auf und stellen sich zu den anderen in den Kreis

Zusammen tanzen wir im Kreis, wir im Kreis, wir im Kreis,
ein jeder hier auf seine Weis', seine Weis'.

jedes Kind darf nach seinen eigenen Ideen im Kreis stehend auf der Stelle Tanzbewegungen machen

11

Trolle trommeln
Ein Aufwach- oder Beruhigungsspiel

Ab 2 Jahren

Dieses kleine Rhythmusspiel können Sie in der Reihenfolge der Strophen variieren und so die Kinder in die Aktion (Trommeln) oder in die Ruhe (Kuscheln) begleiten.

Das brauchen Sie
➡ **Zeitungspapier**
➡ **Klebestreifen**

Aus Zeitungspapierbögen knüllen sich die Kinder eine weiche (!) Trollkeule als Trommelwerkzeug. Dann setzen sich alle auf den Boden. Zur Melodie von „Große Uhren" singen Sie den Text. Die Kinder sind die Trolle und trommeln zu „wumm, wumm, wummer …" mit ihren Keulen, wenn möglich im Takt, auf den Boden.

Kleine Trolle trommeln wimm wimm, wimm wimm.
Große Trolle trommeln wumm wumm, wumm wumm.
Und die ganz, ganz großen Trolle wummer, wummer, wummer, wummer, wummer!

Kleine Trolle werden müde, müde.
Große Trolle schlummern schnarch schnarch, schnarch schnarch.
Und die ganz, ganz großen Trolle kuscheln sich zusammen und verschlummern heut den Tag!

Im Dinosaurierwald
Ein Musikstoppspiel zum Aufpassen

Ab 3 Jahren

Bei diesem Musikstoppspiel müssen die Kinder ganz genau hinhören und aufpassen, denn der Name des Dinos verrät, wie man sich schützen kann. Die Bewegung trägt zur Entspannung bei, weil sich die Kinder ordentlich auspowern können.

Das brauchen Sie
- CD-Spieler mit Lieblingsmusik der Kinder
- Abbildungen/Fotos von Sauriern (Flugsaurier, Diplodocus und Tyrannosaurus)
- ein Tisch mit langer Decke

Bei diesem Spiel sind die Kinder kleine Dinosaurier, die im Urwald leben. Bei Gefahr können sie sich unter Bäumen oder Felsen verstecken. Stellen Sie gemeinsam den Tisch so auf, dass alle Kinder sich gut darunter versammeln können. Wenn die Kinder mögen, können Sie zusätzlich auch eine Decke auf den Tisch legen, sodass die Enden lang herabhängen und ein richtig kuscheliges Versteck entsteht.

Dann spielen Sie die Musik ab. Die Kinder können sich dazu frei durch den Raum bewegen, ganz nach ihren eigenen Vorstellungen, wie sie schätzen, dass kleine Dinosaurier sich bewegt haben. Erfinden Sie auch eine Geschichte, um es für die Kinder spannender zu machen, etwa: „Die kleinen Dinosaurier sind heute im Urwald zwischen den riesigen Urzeitpflanzen unterwegs. Sie sind klug und gewitzt und können schon gut auf sich aufpassen. Aber sie müssen sich vor gefährlichen Feinden in Acht nehmen. Manche kommen aus der Luft, andere sind riesig und gefräßig. Wie sich die kleinen Saurier wohl am besten schützen können?"

Lassen Sie die Kinder aus ihrer eigenen Sicht Abwehrstrategien erfinden. Die hier aufgezählten drei Varianten sind nur eine Inspiration für Sie. Beim Musikstopp rufen Sie den Namen eines der folgenden drei Saurier. Die Kinder führen dann schnell die hierzu vorher verabredete Bewegung aus:
- Flugsaurier: schnell unter einem Baumstamm (dem Tisch) verstecken
- Diplodocus: schnell an den Waldrand rennen (an die Raumwand stellen)
- Tyrannosaurus: ganz still auf der Stelle stehen bleiben und nicht bewegen

Als Erklärung für die drei Bewegungsvarianten könnten die Kinder beispielsweise folgende Ideen entwickeln: „Vorsicht vor Flugsauriern! Weil sie vom Himmel nach Beute Ausschau halten, müssen sich die Dinos ganz klein machen, um nicht gesehen zu werden. Riesige Pflanzenfresser wie der Diplodocus würden unsere kleinen Saurier zwar nicht fressen, aber sie könnten sie zertrampeln, darum müssen die kleinen Saurier schnell Platz schaffen für das große Ungetüm. Und wenn der Tyrannosaurus naht, schlüpfen alle Saurier schnell in ihre Verstecke."

Sie können auch selbst einen der Saurier spielen und versuchen, eines der Kinder zu fangen, das sich nicht rechtzeitig in Sicherheit bringt.

Klapperdiklapp
Ein Kniereiter für die Kleinsten

Körperkontakt und eine Extraportion Aufmerksamkeit: Die jüngeren Kinder in der Gruppe freuen sich über zwei Minuten, die sie ganz allein mit Ihnen verbringen dürfen. Dafür bietet sich gerade bei den „Kleinen" ein Kniereiter an. Hier kann das Kind den Rhythmus der Sprache mit dem Körper nachfühlen.

Ich steige auf mein Pony auf,
gleich geht es los,
ich freu mich drauf.

auf dem Boden oder auf einem Stuhl sitzend
das Kind auf den Schoß nehmen, gut festhalten

Ab 1 Jahr

Klapperdiklapp,
so geht es im Trab.

das Kind langsam wiegen

Trippelditropp,
jetzt kommt der Galopp.

das Kind leicht auf den Knien/Oberschenkeln
hüpfen lassen

Da springt mein Pony,
ich halte mich fest,
dass es mich bloß nicht fallen lässt.

das Kind kurz hochheben, sehr gut festhalten

Ach, war das schön,
ein Streicheln zum Schluss,
weil ich jetzt wieder absteigen muss.

kurz drücken oder kuscheln – je nach Signalen
des Kindes – und das Kind wieder „absteigen"
lassen

Alle meine Blumen
Ein einfaches Tanzlied für den Kinderkreis

Ab 3 Jahren

Ein Lied kann schlechte Laune vertreiben – und das oft schneller als tausend gesprochene Worte. Dieses Lied können Sie mit den Kindern einfach zur Melodie von „Alle meine Entchen" singen. Ein Tanzspiel können sich die Kinder selbst ausdenken oder Sie nutzen diese kleine Idee.

Alle meine Blumen
wiegen sich im Wind,
wiegen sich im Wind.

Alle Kinder bis auf eines stellen sich in einem lockeren Stehkreis auf. Zum Lied passend machen Sie vor, wie sich die Blumen im Wind wiegen und biegen, das Kind im Innenkreis tanzt nach eigenen Ideen.

„Kommst du mit mir nach Hause?
Ich pflück dich ganz geschwind!"

Das Kind innen im Kreis wählt nun eine „Blume" durch An-der-Hand-Fassen aus und nimmt sie mit zu sich in den Kreis.

Dieses Spiel können Sie so lange spielen, bis alle Blumen gepflückt sind, alle Kinder an der Hand genommen wurden und nun gemeinsam tanzen.

Variation
Wenn die Kinder schon viele Blumen mit Namen kennen (etwa Gänseblümchen, Tulpe, Krokus, Rose, Primel usw.), kann jede Blume, die gepflückt wird, zunächst ihren Blumennamen sagen und dann mit in den Kreis kommen.

Die Einhörner wachen auf

Ein Klanggedicht aus dem Märchenwald

Dieses Klanggedicht lässt die Kinder den Kontrast zwischen Stille und Lärm, leise und laut erleben. Sie können es beispielsweise einsetzen, wenn es im Gruppenraum laut und unruhig ist. Aber auch wenn alle Kinder, wie die Einhörner im Gedicht, noch müde sind, macht das Klangabenteuer gute Laune.

Ab 3 Jahren

Das brauchen Sie

- **für jedes Einhorn eine Rassel**
- **für das Windchen: ein Xylo- oder Metallofon**
- **für den Sonnenstrahl: eine Triangel**
- **für den Vogel: ein Glöckchen oder eine Flöte**

Lesen Sie den Kindern zunächst das Gedicht einmal vor. Möchten die Kinder die Einhörner spielen? In der ersten Runde können Sie die anderen Klanginstrumente für Wind, Sonne und Vogel noch selbst bedienen, anschließend kann jeweils ein Kind diesen Klang übernehmen. Sie können je nach Vorrat und Ideen der Kinder natürlich auch andere Klanginstrumente verwenden. Fragen Sie die Kinder nach Vorschlägen.

Die Einhörner schlummern noch,
schnarchen ganz leise,
jedes auf seine Einhornweise.

ganz leise mit den Rasseln rasseln

Da kommt ein Windchen
und flüstert im Wald:
„Kommt, wacht auf, der Morgen kommt bald!"

aufsteigende Tonfolge auf dem Xylofon

Die Einhörner schnarchen
und schlummern weiter.

ganz leise rasseln

Da kommt die Sonne, strahlend und heiter.
Ein Strahl kitzelt durch das Blätterdach.

ein Schlag auf der Triangel

Die Einhörner?
Werden noch immer nicht wach.

ganz leise rasseln

Ein Vogel kommt an
und zwitschert und zirpt.
Ob das den Einhörnern den Schlaf verdirbt?

*Vogelinstrument, Pfeife, Flöte oder Glöckchen,
kurz anspielen*

Was meint ihr? Sie schlafen ja immer noch!
Schlummern und gähnen,
räkeln sich doch.

ganz leise rasseln

Da wacht das erste Einhorn auf,
das zweite jetzt mit viel Geschnauf.
Ein drittes erwacht, ein viertes dazu,
dann erwacht auch der Rest aus Schlaf und
Ruh'!

*zuerst Stille, dann rasselt ein Kind, dann ein
zweites, dann das dritte, dann rasseln alle Kinder
zusammen laut und heftig*

Ist das ein Schnauben und Stampfen,
ein Wiehern und Mampfen.

laut rasseln

Da schau nur, jetzt haben sie uns gesehen,
rennen davon!
„Auf Wiedersehen!"

immer leiser rasseln, bis schließlich Stille eintritt

Klingellöffel

Ein selbst gebautes Klanginstrument

Ab 3 Jahren

Klanginstrumente müssen Sie nicht immer teuer im Fachhandel einkaufen. Mit einigen Glöckchen oder Schellen (aus dem Bastelladen), Löffeln und etwas Chenilledraht entstehen tolle Rhythmusinstrumente, die die Kinder ganz individuell gestalten können, sodass jedes Kind seinen eigenen Klingellöffel erhält.

Das brauchen Sie

- **für jedes Kind einen hölzernen Löffel (etwa Kochlöffel)**
- **Chenilledraht**
- **viele Schellen/Glöckchen**
- **nach Wunsch: Bastelfarben**

Die Kinder können ihre Löffel zunächst mit den Bastelfarben nach eigenen Ideen bemalen. Sowohl gemusterte als auch einfarbige Löffel können hergestellt werden. Anschließend müssen alle Löffel gut trocknen.

Danach fädeln die Kinder kleine Glöckchen oder Schellen auf Chenilledraht auf. Toll ist es, wenn Sie lange Drähte in vielen verschiedenen Farben anbieten können, sodass die Kinder die Farben passend zu ihrer Löffelfarbe auswählen können. Den Chenilledraht samt Glöckchen biegen die Kinder nun um den Löffel. Wenn Sie Löffel mit einem Loch in der Mitte ausgewählt haben, können die Kinder den Draht sehr gut um die Öffnung biegen. Der untere Teil des Löffelstiels sollte frei bleiben, damit die Kinder ihn später gut halten können.

Mit diesem Instrument können die Kinder gleichzeitig Klopf- und Glöckchengeräusche erzielen, wenn sie den Löffel mit Stiel oder Löffelseite auf eine Oberfläche klopfen. Nur Schellen- oder Glockengeräusche entstehen ohne gleichzeitiges Aufschlagen. Dieses Instrument können die Kinder auch für die Klanggedichte und -geschichten in diesem Heft benutzen.

Gut gelaunt an Regentagen

Wenn es draußen düster ist und regnet, ist es gar nicht so einfach, gute Laune zu behalten. Außer natürlich, wenn Sie den Regen zum Thema machen und ihm in Rätselreimen, Klanggedichten, Tänzen und Ratespielen die Hauptrolle geben. Regenideen, die garantiert die schlechte Laune vertreiben, finden Sie in diesem Kapitel.

Regentropfenreigen
Ein Tanzlied zum Kaputtlachen

Ab 3 Jahren

Im Kreis tanzen und dazu singen ist nicht schwer. Bei diesem Tanzlied gibt es eine kleine Showeinlage von jedem Kind. Das wird nicht nur spannend, sondern ganz sicher auch lustig!

Kommen Sie mit den Kindern in einem Stehkreis zusammen. Zu den ersten drei Zeilen der Strophe fassen sich die Kinder an den Händen und gehen im Kreis herum. In der vierten und letzten Zeile jeder Strophe bekommen die Kinder eine Aufgabe, die sie nun vorführen sollen. Stellen Sie sich die Strophen nach Ihren Ideen zusammen. Weiter unter finden Sie eine kleine Auswahl von spannenden und lustigen Aufgaben. Lachen ist hier ausdrücklich erlaubt, etwa

wenn alle Kinder ihre beste Grimasse zeigen sollen. Um die Kinder im Anschluss wieder in die Ruhe zu begleiten, können Sie eine Abschlusszeile singen (wie unten), bei der sich die Kinder kurz hinsetzen und ausruhen können.

Regen-Regen-Reigen,
heut heißt's drinnen bleiben.
Geht im Kreis, dann bleibt ihr steh'n,
lasst uns euer Tänzchen seh'n!

im Kreis gehen, danach führt jedes Kind der Reihe nach ein kleines Tänzchen vor

Regen-Regen-Reigen,
heut heißt's drinnen bleiben.
Geht im Kreis, dann bleibt ihr steh'n,
lasst uns schnell Grimassen seh'n!

wie oben, dann stellt jedes Kind seine beste oder lustigste Grimasse vor

Weitere Tanzideen
… lasst uns euer Stampfen seh'n!
… lasst uns eine Katze seh'n!
… lasst uns eure Zungen seh'n!
… lasst uns eure Fußsohlen seh'n!

Abschlusszeile
Ruht euch aus und setzt euch hin.

Die Regenmacher

Eine Gestaltungsidee für Regen- und Wolkentage

Kein Regen in Sicht? Dann bauen Sie sich Ihren Regen samt Wolke doch einfach selbst. Hier können die Kinder von Anfang an mit überlegen und planen und ihre Ideen einbringen.

Das brauchen Sie

Ab 4 Jahren

- eine große Styroporplatte, beispielsweise von einer Verpackung (ersatzweise aus dem Baumarkt)
- Filzstifte
- Scheren
- Stopfnadel und Faden oder Drachenschnur
- kleine Laubsägen oder Bastelmesser
- Reißbrettstifte oder Häkchen zum Aufhängen
- Tonkartonreste in hellen und dunklen Blau- und/oder Grautönen

Die Kinder zeichnen mit den Filzstiften die Umrisse einer großen, schweren Regenwolke auf das Styropor. Nach Wunsch können die Kinder die Wolke auch mit den Stiften anmalen. Dazu verwenden sie am besten Grau- und Blautöne. Entlang der Außenlinie schneiden sie unter genauer Aufsicht (Verletzungsgefahr) die Wolke aus. Die Abfallstücke vom Styropor können Sie aufheben. Die Kinder können sie nämlich in Tropfenform schneiden und ebenfalls an-

malen. Alternativ lassen sich Tropfen auch aus Tonkarton ausschneiden. Alle Tropfen fädeln die Kinder unter Aufsicht auf eine Schnur auf oder Sie selbst helfen mit einer Nadel mit. Nach jedem Tropfen einen Knoten machen, damit die Tropfen später nicht herabrutschen. Die Schnur an der Wolke befestigen. Die Wolke können Sie mit einer Schnur an Häkchen an der Gruppenraumdecke aufhängen.

Variation

Die Kinder können auch noch einen Regenbogen dazu gestalten. Fragen Sie die Kinder dazu selbst nach Ideen: Woraus könnte er bestehen? Wo kann er hängen? Wie sieht ein Regenbogen aus?

„Es regnet!"

Eine Klanggeschichte für den Regen

Bei dieser Klanggeschichte kann es ganz schön laut werden – nämlich dann, wenn der Regen immer stärker wird. Gut, dass zum Schluss alle Instrumente verklingen und die Kinder in die Stille lauschen können! Nebenbei lernen die Kinder die verschiedenen Arten von Regen kennen, vom Nieselregen bis zum Hagel.

Das brauchen Sie

- ➡ für den Regen: für jedes Kind ein Klanginstrument nach Vorrat und Auswahl, etwa Trommel, Tamburin, Holzblock …
- ➡ für den Eichelhäher: Ratsche oder Guiro

Ab 3 Jahren

Lassen Sie die Kinder selbst Instrumente auswählen, mit denen sie den Regen darstellen möchten. Gut geeignet sind alle Arten von Trommeln, die man mit den Fingerspitzen oder der ganzen Hand bespielen kann. Auch Tamburine, Pauken, Klanghölzer und Holzblöcke sind geeignet. Dann kann es losgehen. Die Kinder spielen mit ihren Instrumenten den Regen, Sie selbst spielen den Eichelhäher, der nicht nur in dieser Geschichte, sondern auch in der echten Natur ein sehr lauter Vogel ist!

Der kleine Eichelhäher schüttelt sich: Heute ist es kalt und gleich fängt es an zu regnen. Höchste Zeit, die anderen Tiere zu warnen! „Gleich regnet's!", schreit er von seinem Baum herunter.

Ratsche oder Guiro

Ganz kleine, feine Tröpfchen rieseln durch die Luft. Es regnet zwar nicht stark, aber nass wird der Eichelhäher von den vielen kleinen Tröpfchen trotzdem. „Diese Art von Regen nennt man Nieselregen!", schreit der Eichelhäher den anderen Tieren zu.

ganz leicht Ratsche oder Guiro, leise oder zart spielen, etwa auf der Trommel nur ganz zart über das Trommelfell reiben, beim Holzblock nur mit dem Klöppel über die Fläche streichen

Langsam wird der Regen stärker: Aus den kleinen Tröpfchen werden größere Tropfen. Sie tröpfeln vom Himmel. „Das ist ein richtiger Regen!", schreit der kleine Eichelhäher.

kurz Ratsche oder Guiro, dann die anderen Instrumente etwas stärker: etwa mit den Fingerspitzen auf die Trommel trippeln

Aber jetzt regnet es noch stärker. Große, schwere Tropfen platschen herab. Auf dem Boden bilden sich Pfützen. „Das ist Starkregen!", krächzt der Eichelhäher, aber durch den lauten Regen kann man ihn kaum hören.

kurz Ratsche oder Guiro, dann die anderen Instrumente richtig anschlagen

Und noch stärker wird der Regen. Jetzt mischen sich schon Hagelkörner darunter. Kleine weiße Eisstückchen rauschen vom Himmel herab. „Das ist Hagel!", schreit der kleine Eichelhäher.

kurz Ratsche oder Guiro, dann laut und heftig auf den anderen Instrumenten spielen

Jetzt ist es höchste Zeit, dass er sich vor den Hagelkörnern in Sicherheit bringt. Er kuschelt sich ganz nah an den Stamm einer großen Fichte. Die Zweige mit den vielen Nadeln schützen ihn vor den Hagelkörnchen. Hier ist es ganz still. Der Hagel und der Regen sind nicht mehr so laut.

kurz Ratsche oder Guiro, die anderen Instrumente werden immer leiser und verklingen schließlich ganz

Der kleine Eichelhäher kuschelt sich gemütlich auf seinen Zweig und plustert sich auf. Jetzt hat er es warm und gemütlich. „Besser, ihr macht das Gleiche!", schreit er noch aus seinem Versteck heraus. Und dann fallen ihm langsam die Augen zu.

noch einmal kurz Ratsche oder Guiro, dann Stille

Würfle dein Regentier!

Ein spannendes Puzzlespiel für die ganze Gruppe

Dieses Kreisspiel verbindet Puzzeln mit einem spannenden Würfelspiel und ist ganz schnell selbst hergestellt. Nebenbei erlangen die Kinder Wissen darüber, welche Tiere es eigentlich im Regen gut aushalten.

Ab 4 Jahren

Das brauchen Sie

- **festes Malpapier oder helle Pappe (etwa DIN A3 oder DIN A2)**
- **Sachbücher über Tiere**
- **Stifte und Malfarben**
- **nach Wunsch: Laminiergerät/Laminierfolie**
- **Scheren**
- **wischfester schwarzer Filzstift**
- **einen sehr großen Augenwürfel**

Zeichnen Sie mit den Kindern ein Regentier auf den großen Pappbogen. Welche Tiere sieht man draußen, wenn es regnet oder direkt nach dem Regen? Die meisten Tiere verkriechen sich, aber manche Tiere sieht man erst bei Regen. Näheres dazu erfahren Sie im Kasten. Gehen Sie mit den Kindern doch in der Natur auf die Suche nach Tieren, die sich im Regen gern aufhalten. Informieren Sie sich auch im Internet.

Suchen Sie sich Ihr Regentier aus und malen Sie es mit den Kindern bunt auf. Anschließend können Sie Ihr Bild nach Wunsch und zur besseren Haltbarkeit laminieren. Nun zeichnen die Kinder mit dem schwarzen Filzstift Linien auf. Entlang dieser Linien zerschneiden die Kinder dann das Bild zu einem Puzzle. Achtung: Schneiden Sie lieber nur wenige große Teile aus, damit das Zusammensetzen später nicht zu schwierig wird.

Zum Puzzeln setzen sich die Kinder in einem Sitzkreis auf dem Boden zusammen. Die Puzzleteile vom Regentierbild kommen in die Kreismitte. Das erste Kind würfelt mit dem Riesenwürfel, dann reihum weiter. Wer eine Sechs würfelt, darf das erste Puzzleteil hinlegen. Wer als Nächstes eine Sechs würfelt, darf das zweite Teil anschließen und so weiter, bis das Puzzle ganz zusammengesetzt ist.

Tiere, die den Regen mögen

Schnecken brauchen eine feuchte Umgebung, um nicht auszutrocknen, obwohl sie nicht gern direkt im Regen kriechen. Regenwürmer kommen bei Regen an die Erdoberfläche. Warum, das ist nicht genau geklärt. Man glaubt aber, dass sich unter der Erde das Wasser staut und der Regenwurm möglicherweise sogar ertrinken kann, wenn er nicht an die Erdoberfläche kriecht. Wasservögeln ist der Regen meist eher egal. Fische mögen es oft gern, wenn es regnet, und schwimmen dann an die Wasseroberfläche, vielleicht weil es hier mehr Sauerstoff gibt.

Wer bin ich?

Eine Quizrunde rund um Tiere im Regen

Ab 4 Jahren

Ein bisschen nachdenken müssen Ihre Kinder bei diesen Rätselreimen schon. Zu erraten sind hier Tiere, die auf den Regen angewiesen sind. Denn auch wenn man bei Regen nicht immer nach draußen kann: Der Regen ist wichtig für die Natur und ganz besonders für die Tiere.

Ich krieche gern durch Nässe und Regen,
kann mich dann besser im Freien bewegen.
Bin lang und schlank und meistens braun,
nicht jeder findet mich hübsch anzuschau'n.

Regenwurm

Mir macht der Regen nicht allzu viel aus,
ich komm auch wenn's nass ist aus meinem Haus.
Dann kann ich besser am Boden kriechen,
an Blumen und Gräsern genüsslich riechen.

Schnecke

Bei Regen sitz ich noch immer im Baum,
guck nur mal hoch, sonst siehst du mich kaum.
Der Regen füllt Tränken und Pfützen auf,
zum Baden und Trinken such ich sie dann auf.

Vogel

Wir brauchen den Regen in jedem Jahr,
finden alles, was nass ist, ganz wunderbar.
Dann kannst du uns im Frühling in Pfützen seh'n
oder du musst zum Tümpel geh'n.

Kaulquappen

Als das Picknick ins Wasser fiel

Eine Impulswortgeschichte für Regentage

Regen kann uns ganz ordentlich die Laune vermiesen. Das erfahren die Kinder in dieser Geschichte, denn ihr lang herbeigesehntes Picknick kann nicht stattfinden, weil es regnet. Wie alles doch noch gut wird, das verrät diese Geschichte, bei der die Kinder eine kleine Zusatzaufgabe bekommen.

Lesen Sie die Geschichte vor. Immer wenn das Wort „Picknick" vorkommt, müssen alle ganz laut mit den Händen und Füßen auf den Boden trommeln.

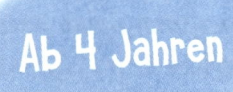

Ab 4 Jahren

„Juhuuu!", Lilly tanzt aufgeregt durch den Flur in der Kita. Sie hat extra ihren neuen Rock angezogen. Mama hat für das **Picknick** Muffins gebacken, die sie heute Morgen in der Kita abgegeben hat. Nach dem **Picknick** soll eine große Schatzsuche stattfinden. Darauf freut sich Lilly ganz besonders.

Johanna, Lillys beste Freundin, freut sich auch. Sie fasst Lilly an den Händen und gemeinsam tanzen sie weiter durch den Flur.

„Dort, wo das **Picknick** stattfindet, gibt es einen kleinen Teich mit Fröschen drin!", freut sich Johanna. „Vielleicht dürfen wir die angucken!"

Die beiden Mädchen sind richtig aufgeregt. Als Ben mit seinem Vater ankommt, stürmen sie direkt auf ihn zu. „Freust du dich auch schon so auf das **Picknick**?", fragen sie aufgeregt.

Ben zieht seine Jacke aus und wirft sie einfach auf den Boden. „Na klar, und wie!", schreit er aufgeregt. „Ich habe Hotdogs dabei für alle. Wisst ihr, was das ist? Das sind ganz leckere Würstchen in Brötchen mit Ketchup drauf! Extra für das **Picknick**!"

„Toll!", schreien Lilly und Johanna.

Als endlich alle Kinder da sind, kommt zuerst die Begrüßung im Morgenkreis dran. Lilly guckt aus dem Fenster, während Mara, die Erzieherin, eine Geschichte vorliest. Draußen ist es gar nicht mehr sonnig, sondern dicke Wolken schieben sich am Himmel entlang. Mara muss das Licht anmachen. Nach dem Morgenkreis beginnen die Kinder, ihre Rucksäcke für das **Picknick** zu packen. Auch im Kitaflur muss Licht angemacht werden.

„Was rauscht denn da so?", fragt Johanna, während sie ihre Hausschuhe auszieht.

„Draußen regnet es", erklärt Mara. „Und zwar ganz schön heftig!"

„Was?" Lilly, Johanna und Ben rennen ans Fenster. Tatsächlich: Draußen regnet es in Strömen. Dicke Tropfen klatschen auf den Boden. Vor der Kita hat sich schon eine große Pfütze gebildet.

„Da müssen wir wohl unsere Matschhosen anziehen", überlegt Johanna.

Mara schüttelt den Kopf.

„Nein, unser Picknick fällt bei diesem Wetter leider ins Wasser."

„Ins Wasser? Du meinst", fragt Lilly und ahnt Böses, „unser **Picknick** fällt aus? Das **Picknick** findet nicht statt?"

„Wir machen gar kein **Picknick**?", hakt Ben nach.

Mara nickt. „Leider nicht. Bei diesem Wetter können wir unmöglich draußen auf dem Boden sitzen und ein **Picknick** machen."

Lilly merkt, dass sie gleich weinen muss. Ihre Augen brennen und ihr Hals tut weh.

„Und … und … die **Picknick**muffins?", flüstert sie.

„Ja, genau, was ist denn mit den Hotdogs?", schreit Ben zornig.

„Und die Frösche!", ruft Johanna und bricht in Tränen aus.

Mara setzt sich zu den Kindern. „Ihr habt euch schon so auf das **Picknick** gefreut, stimmt's?"

Auch die anderen Kinder kommen dazu. Alle sind traurig.

Mara lächelt. „Ich habe eine Überraschung für euch. Die ist zwar nicht so toll wie ein **Picknick**, aber vielleicht macht sie euch trotzdem Spaß!"

Und dann öffnet Mara die Tür zum Gruppenraum und Sabine, die andere Erzieherin, winkt die Kinder herein. Die beiden haben den Gruppenraum umdekoriert: Überall liegen weiche Kissen, dazwischen liegen Lichterketten, es sieht so gemütlich aus! Auf einem Tisch stehen Muffins, Hotdogs und ein kleiner Kuchen und ganz leise Musik spielt im Hintergrund.

„Ist das schön!", staunt Johanna.

„Das sieht ja noch viel toller aus als ein **Picknick**!", findet Ben.

Und dann halten die Kinder ihr **Picknick** doch noch ab, und zwar im Gruppenraum. Alle sind sich einig: Das war das tollste **Picknick**, das sie je gemacht haben.

Wer versteckt sich vor dem Regen?

Ein Schau-genau-Rätselspiel

Wer versteckt sich vor dem Regen im Laub, unter Zapfen oder zwischen Gras und Blüten? Bei diesem Rätselspiel kommt es aufs genaue Hinsehen an! Und ein bisschen Wissen über Tiere sollten die Kinder auch mitbringen.

Ab 2 Jahren

Das brauchen Sie

→ **Fotos oder Bilder von Tieren (etwa Igel, Maus, Ameise, Schnecke, Schmetterling)**
→ **Laub, Zapfen oder Gras (selbst gesammelt)**
→ **ein Körbchen**

Sammeln Sie draußen in der Natur je nach Jahreszeit Zapfen, Laub oder Gräser und Blüten. Füllen Sie das Naturmaterial in ein Körbchen. Auf dem Tisch oder Boden legt ein Kind ein Foto oder Bildkärtchen von einem Tier aus und häuft das Material darauf. Die anderen Kinder setzen sich im Halbkreis um das Bild herum. Der Reihe nach darf nun jedes Kind je ein Blatt, einen Zapfen oder eine Blüte, ein Blütenblatt oder einige Grashalme wegnehmen, sodass nach und nach das Tier sichtbar wird. Wer errät als Erstes, welches Tier sich hier im Laub oder unter den Zapfen versteckt? Dieses Kind darf als Nächstes ein Tier aussuchen und sein Foto unter dem Material verstecken.

Variation

Im Winter können die Kinder die Ratetiere auch unter Wattebällchen verstecken.

Gute Laune mit Bewegung

Zuerst muss man sich vielleicht ein bisschen überwinden, aber dann macht sie richtig viel Spaß: die Bewegung! Nichts bringt morgens den Kreislauf besser in Schwung, bessert nachhaltiger die Laune und ist sogar noch richtig gesund. Mit Bewegung können Sie kleinen und großen Muffeln richtig gut zu Leibe rücken. Darum gibt es auf den nächsten Seiten dynamische Mitmachgedichte, Fuß- und Fingerspiele, einen Balancierparcours und viele Nachlauf- und Bewegungsspiele für Sie und die Kinder.

Gummiflöhe

Ein Mitmachgedicht, das in die Beine geht

Alle wach? Nachdem Sie die Gummiflöhe gespielt haben, sind alle Kinder voll da! Dieses kleine und einfache Mitmachgedicht hat es nämlich ganz schön in sich: Und so manches Bein fühlt sich im Anschluss vielleicht ein bisschen an wie Gummi.

Ab 2 Jahren

Die Anleitung zu diesem sportlichen Gedicht ist ganz einfach: Machen Sie mit den Kindern einfach alle im Text genannten Bewegungen mit. Beim Wort „Flöhe" oder „Floh" machen Sie gemeinsam eine schnelle Kniebeuge (tief in die Hocke gehen, die Arme ausgestreckt, und schnell wieder hochkommen).

Heut tanzen sie, die kleinen Flöhe,
springen gerne in die Höhe.

tanzen, Kniebeuge zu „Flöhe", dann einmal in die Höhe springen

Zappeln mit allen Fingern und Zehen,
so kannst du die Flöhe tanzen sehen.

mit den Fingern und Zehen wackeln, Kniebeuge zu „Flöhe"

Manchmal schütteln sie auch die Beine,
so tanzen die Flöhe, große und kleine.

die Beine ausschütteln, Kniebeuge zu „Flöhe"

Oder sie schwingen die Hüften im Kreis,
singen dazu als Flöhe ganz leis.

mit den Hüften kreisen, Kniebeuge

Die Flöhe stampfen mit Beinen so fest,
dass es den Erdboden wackeln lässt.

Kniebeuge, dann stampfen

Müde werden die Flöhchen zum Schluss,
weil auch ein Floh einmal ruhen muss.

langsame Kniebeuge

Drum legen sie sich zusammen im Kreis,
ruhen sich aus, werden ganz leis.

hinlegen oder hinsetzen und etwas verschnaufen

Geheimagenten
Ein Balancier- und Kletterspiel für Geübte

Kletterfans und sportliche Kinder kommen bei diesem Spiel auf ihre Kosten, denn der Kletterparcours ist ganz schön schwierig. Toll, wenn Sie ihn in eine spannende Geschichte verpacken und so noch mehr Spaß und Spannung ins Spiel bringen.

Das brauchen Sie
- 4 bis 5 Teppichfliesen
- 4 bis 5 Stühle
- 2 bis 3 lange Seile
- ein dünneres Seil
- Wäscheklammern

Ab 4 Jahren

Legen Sie gemeinsam mit den Kindern alle Materialien auf dem Boden aus: Die Stühle können Sie zu diesem Zweck auf unterschiedliche Arten umkippen oder hinlegen. Die Seile können Sie in vielen Kurven, Windungen und Schnecken auslegen. Der Boden soll eng bedeckt sein. Das dünnere Seil spannen Sie ungefähr in Knie- oder Oberschenkelhöhe der Kinder im Raum mithilfe der Wäscheklammern. Diesen Kletterparcours müssen die Kinder nun ‚bezwingen': über die Stühle klettern, über das gespannte Seil steigen (ohne es zu berühren), um die Fliesen und Seile herumstaksen und dabei nichts berühren außer dem Boden. Dazu können die Kinder auch eine spannende Handlung erfinden, beispielsweise, dass sie Geheimagenten sind, die einen Spion jagen, oder Diebe, die aus einem Gefängnis ausbrechen. Wer schafft es bis ans Ende des Parcours/in die Freiheit?

Dschungelabenteuer

Eine Bewegungsgeschichte aus dem Urwald

Auf der Suche nach einem besonderen Urwaldfrosch starten die Kinder in dieser Bewegungsgeschichte als Forscher in ein Dschungelabenteuer. Sie brauchen keinerlei Materialien dafür, nur die Fantasie und eine kleine Belohnung für die Kinder sind hier wichtig.

Ab 4 Jahren

Das brauchen Sie

➡ nach Wunsch: für jedes Kind als Belohnung einen Klebefrosch (kleiner Frosch oder anderes Tier aus Kunststoff, das auf Wänden oder an der Decke haften bleibt, wenn man es wirft), alternativ Fruchtgummifrösche oder eine andere kleine Belohnung

Die kleinen Klebefrösche verstecken Sie am besten in einem Körbchen, bevor Sie die Geschichte starten. Das Körbchen können Sie im Raum verstecken, sodass die Kinder es am Ende des Abenteuers suchen müssen. Dann kann es auch schon losgehen:

Heute sind wir als Forscher im Dschungel unterwegs. Wir sind auf der Suche nach einer besonderen Tierart, die nur hier vorkommt: Wir suchen den Grünen Urwaldspringer – eine Froschart. Seid ihr bereit? Ein Hubschrauber setzt uns direkt am Dschungel ab. Schnell klettern wir aus dem Hubschrauber und rennen mit eingezogenem Kopf in den Dschungel.

mit eingezogenem Kopf eine Runde durch den Raum rennen

Jetzt sind wir schon tief im Dschungel. Pst, wir müssen leise sein, damit wir keine großen Raubtiere aufschrecken. Als Erstes waten wir durch einen Sumpf. Hier müssen wir die Beine hochheben.

flüstern, wie ein Storch waten, dabei die Beine ganz hoch heben

Der Sumpf wird tiefer, jetzt hilft nur noch schwimmen. Leise schwimmen wir hintereinander her ans Ufer.

auf den Bauch legen und Schwimmbewegungen machen

Gut, wir ziehen uns ans Ufer und robben durch das tiefe Gras.

auf dem Bauch über den Boden robben

Psst, leise! Ich höre einen Tiger! Wir hocken uns hin, machen uns ganz klein und warten, bis er weitergeht.

in die Hocke gehen und ganz leise sitzen bleiben

Jetzt ist er weg. Wir müssen nun durch dichtes Gebüsch. Die Äste hängen hier so tief, dass wir nur gebückt und zusammengekauert weitergehen können.

in der Hocke weitergehen

Gut, hier können wir endlich wieder stehen. Aber was ist das: Wir stehen ja mitten in einem Urwaldameisenhaufen. Schnell schütteln wir die Ameisen von uns ab!

Arme und Beine ausschütteln

Da der Grüne Urwaldspringer sich von diesen Ameisen ernährt, muss er eigentlich schon ganz nah sein. Schaut euch einmal um, ob ihr ein Exemplar von diesem Frosch erspähen könnt!

den Korb mit den Fröschen hervorholen oder die Kinder das Versteck suchen lassen

Mit einigen Fröschen im Gepäck machen wir uns auf den Heimweg. Da ist schon unser Hubschrauber, jetzt aber schnell einsteigen!

das Einsteigen nachmachen und eine Runde durch den Raum „fliegen"

Dreh den Deckel um!
Ein Rennspiel für große Gruppen

Ab 5 Jahren

Dieses Renn- und Fangspiel erfordert nicht nur gute Aufmerksamkeit und schnelles Rennen, sondern die Kinder müssen hier gleichzeitig auch noch eine Aufgabe erfüllen. Am besten führen Sie es in der Turnhalle oder draußen durch. Durch seinen hohen Aufforderungscharakter lenkt es die Kinder sehr schnell von Streit oder Ärger in der Gruppe ab.

Das brauchen Sie
- **12 bis 20 Pappteller oder Bierdeckel**
- **bunte Bastelfarben**
- **dicke Pinsel**
- **nach Wunsch: Kreide, Seile**

Für dieses Spiel bereiten Sie mit den Kindern zuerst die Deckel oder Teller vor. Die Kinder malen alle Pappteller oder Deckel auf einer Seite schwarz an. Dann teilen Sie die Deckel in zwei gleich große Mengen, also zwei Sechserpacks bei zwölf Tellern oder zwei Zehnergruppen bei zwanzig. Die Deckel/Teller eines Stapels malen die Kinder auf der noch unbemalten Seite rot an, die andere Seite wird grün (oder je nach Farbvorrat oder Ideen der Kinder wählen Sie eine andere Farbe). Wichtig ist, dass zwei gleich große Gruppen von Tellern entstehen, die auf einer Seite eine unterscheidbare Farbe haben, auf der anderen Seite schwarz sind. Dann kann das Spiel beginnen:
Grenzen Sie ein Spielfeld ab, etwa einfach durch Vorstellung oder auch mit Kreide oder Seilen.

Team A, hier etwa mit der Farbe Rot, legt sich seine sechs Teller mit der roten Seite nach oben in sein Spielfeld – am besten an den Rand des Feldes. Team B, hier etwa grün, legt die gleiche Anzahl Teller mit der grünen Seite nach oben in sein Spielfeld. Nun kann es losgehen: Die Spieler beider Teams haben die Aufgabe, ins Spielfeld des anderen Teams einzudringen und dessen Teller herumzudrehen, sodass die schwarze Seite nach oben zeigt. Aber Achtung: Wer hierbei abgeschlagen wird, muss so lange aussetzen und am Spielfeldrand warten, bis ihn ein Teammitglied abschlägt. Das Team, dessen Teller als Erstes vollzählig umgedreht wurden, hat verloren. In der Regel ist es sehr schwierig, alle Teller eines Teams umzudrehen, sodass dieses Spiel lange dauern oder gespielt werden kann. In diesem Fall können Sie die Regel aufstellen, dass die vom Gegner abgeschlagenen Spieler ganz aussetzen müssen, sodass die Anzahl der Spieler stetig abnimmt und es für die gegnerische Mannschaft leichter wird, ins Feld der Gegenspieler einzudringen.

Hütchen, hüpf!
Ein Slalomspiel mit vielen Varianten

Ab 2 Jahren

Sie suchen ein schnelles und einfaches Spiel, bei dem die Kinder sich richtig auspowern können? Stellen Sie einfach einige Hindernisse (in der Turnhalle Pylonen, sonst Stühle oder Sandkasteneimer) auf und schon kann es losgehen.

Das brauchen Sie
➡ **Pylonen oder andere Hindernisse**

Bauen Sie mit den Kindern die Pylonen oder Hindernisse im Raum oder auf einer Wiese auf. Schaffen es die Kinder, die Hindernisse schnell laufend zu umrunden wie bei einem Slalom? Dann kann das Spiel variiert werden: Dafür braucht es nur einen Ausrufer, der vor jeder neuen Slalomrunde laut ruft, wie der Hindernisparcours bewältigt werden soll. Der Ausrufer kann durch Abzählen oder von den Kindern für jede Runde/jeden Slalom neu bestimmt werden. Folgende Arten, den Parcours zu durchlaufen, sind denkbar:
– rennend
– schleichend
– stolzierend
– hüpfend
– auf dem Bauch robbend
– mit Gänsefüßchen
– stampfend
– mit Riesenschritten
– zu zweit
– mit verbundenen Augen
– in Zeitlupe
– im Vierfüßlergang

– im Spinnengang (auf allen vieren mit dem Rücken zum Boden)
– als Pinguin (watschelnd)
– als Pony (trabend)
– …

Abzählreime
Für Hexen und Zauberer
Zauberstab und Hexenbein,
du sollst an der Reihe sein!

Für Drachenjäger
Drachenschwanz und Drachenzahn,
du bist jetzt als Nächstes dran!

Für Tierfreunde
Hasenpups und Schlangenfuß,
sag, wer als Nächstes fangen muss!

Knopfrennen
Ein Renn- und Schau-genau-Spiel

Ab 3 Jahren

Bei diesem Spiel sind nicht nur schnelle Beine, sondern auch schnelle Augen gefragt. Wer hier mitmacht, ist anschließend ganz sicher wach und konzentriert!

Das brauchen Sie

➡ **Knopfsammlung mit vielen Knöpfen in verschiedenen Farben**
➡ **ein Tablett**

Legen Sie auf dem Tablett vier Knöpfe unterschiedlicher Farbe aus, etwa in Gelb, Grün, Rot und Blau. Das Tablett kann auf einem kleinen Tisch an einem Ende des Raums stehen. Die restlichen Knöpfe kommen in eine Schale oder Kiste, die am anderen Raumende ihren Platz finden kann. Die Kinder müssen nun blind in die Schale greifen, mit ihrem Knopf zum Tablett rennen und schauen, ob ihr Knopf zu einer der dort ausgelegten Farben passt. Passt er, legt das Kind seinen Knopf dicht an den farblich passenden Knopf dazu, passt er nicht, legt das Kind den Knopf neben das Tablett auf den Tisch.

Bei seiner Rückkehr ans andere Raumende kann das nächste Kind starten. Schaffen es die Kinder, auf diese Weise die gesamte Knopfsammlung zu sortieren?

Variation

Als Wettspiel können Sie die Kinder in zwei Teams aufteilen. Jedes Team bekommt eine Knopfschachtel mit Knöpfen drin. Dann starten immer zwei Spieler (je einer aus einem Team) gleichzeitig, Kopf an Kopf – oder besser Knopf an Knopf. Das Team, das als erstes seine Schachtel leer hat, ist Sieger.

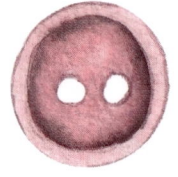

Filmemacher

Ein Bewegungsspiel zum Lachen und Staunen

Bei diesem Spiel gibt es keinen Gewinner, aber dafür haben alle Kinder garantiert eine Menge Spaß! Nebenbei lernen die Kinder sich selbst und ihren Körper besser kennen und können zwischen schnell, langsam, ruhig und hektisch unterscheiden.

Das brauchen Sie

➡ **CD-Spieler mit Musik**

Ab 4 Jahren

Zur Musik tanzen die Kinder frei im Raum. Ein Kind darf nun ‚einen Film drehen': Es geht zwischen den tanzenden Kindern herum und guckt sich alle Tänze an. Wenn die Musik stoppt, gibt der Filmemacher ein Kommando, etwa: „Zeitlupe!" oder „Slow motion!" Nun bewegen sich alle Kinder wie in Zeitlupe ganz langsam und führen auch ihre Tanzbewegungen extralangsam aus. Gibt der Filmemacher dagegen das Kommando „Zeitraffer!", führen alle ihre Bewegungen extraschnell aus. Der Filmemacher darf das Kind auswählen, das seiner Meinung nach am lustigsten oder schönsten getanzt hat. Dieses Kind darf in der nächsten Runde der Filmemacher sein.

Variation

Ein weiteres Kommando könnte sein: „Roboter!" Dann müssen die Kinder tanzen wie ein Roboter. Fallen den Kindern noch mehr Kommandos ein?

Mistkäferchen
Eine Partnermassage mit Bällen

Ab 3 Jahren

Eine Rückenmassage – auch wenn sie wie hier von Kindern und mit weichen Bällen durchgeführt wird – kann nachweislich die Muskeln lockern und so Verspannungen lösen. Vor allem aber macht schon der Massagetext viel Spaß und gute Laune.

Das brauchen Sie
- viele weiche Bälle, Igelbälle und andere Massagebälle
- Matten

Die Kinder finden sich zu Paaren zusammen und legen sich eine Matte im Raum aus. Das Paar sucht sich außerdem zwei Massagebälle oder zwei weiche Bälle aus der Sammlung aus. Ein Kind legt sich auf dem Bauch auf die Matte, das andere Kind massiert passend zum Text. Nach einer Runde wechseln die Partner die Rollen.

Es waren einmal zwei Mistkäferchen, die einen tollen leckeren Pferdeapfel erspähten.

mit zwei Fingern auf dem Rücken laufen

Schnell liefen sie darauf zu.

schneller mit zwei Fingern über den Rücken laufen

Aber am Pferdeapfel waren schon viele andere Mistkäferchen, die sich das leckere, noch warme Stück schmecken ließen.

den Rücken mit den Fingerspitzen beider Hände sanft massieren

Die Mistkäfer suchten sich einen freien Platz und liefen ein paarmal um den Pferdeapfel herum.

mit zwei Fingern sanft in den Rücken tippen

Dann rollten sie sich riesige Mistkugeln.

einen Ball oder Massageball über den Rücken rollen

Die Mistkugeln rollten sie in ein Versteck.

den Ball auf dem Rücken hin und her rollen

Sie rollten sie einen Berg hoch,

den Ball vom unteren Rücken bis zum Nacken rollen

und dann wieder hinunter in ein Tal.

vom Nacken hinunter ans Ende der Wirbelsäule rollen

Dann rollten sie sie im Kreis herum.

in der Mitte des Rückens den Ball im Kreis rollen

Und schließlich wurden die Mistkäfer müde. Sie legten sich neben ihre Kugeln und ruhten ein Weilchen aus.

eine Weile ausruhen

Wer rettet die Fliege Brumseldei?

Ein Aufpassgedicht

Aufpassen und die eigenen Bewegungen koordinieren: Das müssen die Kinder bei diesem kleinen Aufpassspiel. So sind die Kinder direkt bei der Sache.

Ab 2 Jahren

Das brauchen Sie

- **ein Stück Kordel oder Schnur**
- **Locher**
- **Tonkarton- oder Pappreste**
- **Filzstifte**

Mit Filzstiften malen Sie mit den Kindern eine etwa zehn Zentimeter große Fliege auf den Tonkarton. Die Umrisse sollten dabei einfach auszuschneiden sein. Am Kopfende bringen die Kinder mit dem Locher ein Loch an und binden hier ein Stück Schnur fest. Die Schnur sollte noch mindestens 30 bis 40 cm lang bleiben. Mit ausgelegter langer Schnur legen die Kinder die Fliege nun auf den Tisch. Ein Teil der Kinder spielt den Bäcker und stellt sich ans Tischende. Die restlichen Kinder schnappen das Schnurende der Fliege. Zum Spruch ziehen sie die Fliege langsam über den Tisch. Bei „tot!" dürfen die Bäckerkinder versuchen, die Fliege mit der Hand abzuschlagen. Können die Fliegenkinder die Fliege Brumseldei schnell genug wegziehen?

Die kleine Fliege Brumseldei
fliegt heute mal zur Bäckerei.
Fliegt über Kuchen, fliegt über Brot,
doch Vorsicht, der Bäcker schlägt sie beinahe
… tot!

Komm, lach mal!

Ein Fußkitzelspiel mit Lachgarantie

Da kann niemand ernst bleiben: Dieses Fußkitzelspiel können Sie an einem Kind in der Einzelsituation durchführen oder die Kinder kitzeln sich paarweise am Fuß. Auch jedes Kind für sich kann das lustige Spielchen mit Lachgarantie mitmachen.

Ab 2 Jahren

Das brauchen Sie

➡ **pro Kind eine zarte Feder**

Bevor Sie starten, sollten die Kinder/das Kind einen Fuß von Hausschuh und Strumpf befreien, denn am nackten Fuß kitzelt es sich am schönsten. In der Gruppe können Sie zuvor auch ein wohltuendes Fußbad einplanen.

Fünf Freunde schliefen und schnarchten dabei,
da kam ein Windchen aus Norden herbei.

über den Fuß pusten

Es wehte ganz sacht und kitzelte auch
einen der Freunde am Hals und am Bauch.

mit der Feder zuerst am großen Zeh, dann am Fuß kitzeln

Dann fegte es über den zweiten hinweg,
pustete ihn aus dem Bettenversteck.

den zweiten Zeh mit der Feder berühren, dann am Fuß kitzeln

Den dritten weckte es auf mit viel Krach,
der wurde vom eigenen Lachen wach.

mit der Feder heftig über den dritten Zeh kitzeln

Dem vierten wuschelte es die Decke vom Bauch,
raschelte dann im Himbeerstrauch.

mit der Feder am vierten Zeh und am Fuß kitzeln

Der kleinste der Freunde hörte es wehen,
das Windchen verschwand, auf Wiedersehen!

den kleinen Zeh kitzeln, dann die Feder verstecken

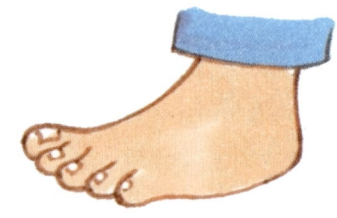

Heut duschen wir!

Ein Mitmachgedicht zum Zappeln, Lachen und Freuen

**Schnell die richtigen Körperteile finden: Das ist gar
nicht einfach und kann in großem Gelächter enden.
Und dazu kommen Reime für noch mehr gute Laune.**

Ab 2 Jahren

Führen Sie mit den Kindern einfach die zum
Text passenden Bewegungen nach eigenen
Ideen aus. Toll, wenn sich die Kinder dabei
auch wirklich abrubbeln, abklopfen, schütteln
und massieren.

Heute wollen wir duschen gehen,
zuerst mal an dem Duschknopf drehen.

in die Hände klatschen, pantomimisch die
Dusche aufdrehen

Noch ist's kalt, drum erst mal warten
oder mit dem Ausziehen starten.

das Frieren nachstellen

Erst schlüpfen wir aus der Hose raus,
zieh'n Pullis, Hemden, Strümpfe aus.

das Ausziehen der einzelnen Kleidungsstücke
nachmachen

Unters Wasser, schön fest rubbeln,
auch mal durch die Haare strubbeln.

den Körper abrubbeln, durch die Haare
streichen

Beine schrubbeln, Füße auch,
Hände rubbeln, dann den Bauch.

die genannten Körperstellen rubbeln

Hälschen waschen, Ohren auch,
Arme waschen, Rücken, Bauch.

die genannten Körperstellen pantomimisch
waschen

Schultern schäumen, Knie, Finger,
Nas' und Zehen, alle Dinger!

wie oben: die genannten Körperstellen
pantomimisch einschäumen

Abtrocknen noch, eins, zwei, drei,
jetzt ruhen wir aus, kommt schnell herbei.

das Abtrocknen nachmachen, kurz ausruhen

Ameisen bei der Arbeit

Ein Bewegungsspiel aus dem Ameisenwald

Nur große Tiere sind stark? Von wegen! Ameisen zählen zu den stärksten Vertretern im Tierreich, denn sie können das Dreißig- bis Vierzigfache ihres eigenen Körpergewichts tragen. Das wäre, als wenn ein Mensch mit durchschnittlichem Gewicht zwei Autos aufeinandergestapelt schleppen würde. „Du bist stark wie eine Ameise!" kann also durchaus ein Kompliment sein. In diesem Spiel sollen die Kinder zwar keine schweren Lasten heben, aber sie können sich mit viel Fantasie ins Ameisenleben hineindenken.

Das brauchen Sie
- viele Kissen
- Matten und Matratzen
- Seile

Ab 3 Jahren

Legen Sie die Matten oder Matratzen an einer Ecke im Raum über- und nebeneinander. Einige Kissen können hier ebenfalls liegen. Das ist der Ameisenbau. Die Kinder legen die Seile als „Straßen" vom Bau ausgehend in den Raum aus. Überall im Raum verteilen Sie gemeinsam die restlichen Kissen.

Die Kinder sind in diesem Spiel die Ameisen und krabbeln auf allen vieren oder auf Knien und Händen. Dabei können sich die Ameisen im Bau aufhalten und sich dort auch ausruhen oder sie krabbeln entlang der Ameisenstraßen (den Seilen) im Raum umher. Besonders wichtig für den Bau sind die Arbeiterameisen.

Sie sammeln überall im Raum Nahrung und Baumaterial (hier: die Kissen) und tragen das Material auf dem Rücken in den Bau: Schaffen die Kinder es, sich ein Kissen aufzuladen und es auf dem Rücken, krabbelnd, entlang der Seile zum Bau zu transportieren, ohne dass es herunterfällt? Wer schafft es, zwei oder sogar drei Kissen gleichzeitig zu transportieren? Ganz mutige und unternehmungslustige Ameisen können sich zu zweit oder im Dreier- oder Viererteam als Ameisenkrankentransport versuchen: Sie krabbeln eng nebeneinander und transportieren auf ihren Rücken eine Ameise zum Bau.

Ameisentag

Ein Mitmachgedicht aus dem Reich der kleinen Krabbler

Dieses kleine und einfache Mitmachgedicht aus dem Ameisenreich können schon die ganz jungen Kinder mitmachen. Hier geht es darum, den Unterschied zwischen oben und unten kennenzulernen, und ums Verstecken. Was für ein Spaß für die Krippenkinder! Nebenbei üben die Kleinen das für die Entwicklung wichtige Krabbeln.

Das brauchen Sie

→ **eine große Decke**

Ab 1 Jahr

Hoch oben am Himmel so klar und weit
kommt ein Vogel geflogen, mit Flügeln so breit.

im Stehen ganz weit die Arme ausbreiten und Flatterbewegungen machen

Tief unten auf der Erde, ganz klein und braun,
krabbeln Ameisen, so hübsch anzuschau'n.

in die Hocke gehen und dann krabbeln

Schnell, kleine Ameisen, versteckt euch im Gras,
sonst holt euch der Vogel – wie schade wär' das!

gemeinsam unter der Decke verstecken

Jetzt ist er weg, kommt wieder heraus,
schnappt eure Lasten und tragt sie nach Haus'!

wieder unter der Decke hervorkommen und krabbeln

Seiltänzer

Ein Pantomime- und Balancierspiel

Ein Zirkusticket mit Ehrenplatz in der ersten Reihe? In der Fantasie ist alles möglich. Bei dieser kleinen Vorführung versetzen sich die Kinder nur mithilfe ihrer Fantasie in luftige Höhen und spielen Seiltänzer.

Das brauchen Sie

- **Kreide oder Klebeband (ersatzweise ein langes Seil)**
- **Zirkus- oder klassische Musik**
- **Regenschirme oder Stäbe**

Ab 4 Jahren

Auf dem Boden markieren Sie an einer freien Stelle mit genügend Platz eine Linie mit Kreide oder Klebeband als Seiltänzerseil. Ersatzweise können Sie auch ein Seil gerade hinlegen. Hier besteht allerdings die Gefahr, dass die Kinder über das Seil stolpern oder darauf ausrutschen!

Immer zwei Kinder können nun den anderen Kindern eine Vorführung als Seiltänzer bieten. Dazu können sie einen Schirm oder einen Balancestab (einen Stab oder Stock) nutzen oder einfach ihre Arme zum Gleichgewichthalten einsetzen. Die Kinder stellen sich vor, echte Seiltänzer zu sein. Wie verhalten sich die Seiltänzer? Wie bewegen sie sich? Können die Kinder das nachstellen? Können sie als Seiltänzer auch ein Kunststück vorführen? Ein Kind kann beispielsweise das andere kurz auf den Arm nehmen oder die beiden Seiltänzer vollführen einen mutigen Sprung auf ihrem „Seil". Oder aber sie stehen für einen Moment nur auf einem Bein … Die anderen Kinder applaudieren den Seiltänzern. Nach einer kleinen Weile ist das nächste Seiltänzerpaar an der Reihe.

SOS-Ideen bei Streit, schlechter Laune und Heimweh

Nicht nur die jüngeren Kinder verabschieden sich ungern von ihren Eltern, manchmal leiden auch die älteren Kinder. Gerade morgens kurz nach dem „Bringen" sind sie noch nicht ganz wach, haben Heimweh oder Sehnsucht nach Mama oder Papa oder sind einfach nicht gut gelaunt. Und dann? Locken Sie die kleinen Muffel mit einem Tröstelied oder einem Streichelvers aus ihrem Schneckenhäuschen. Wenn viele Kinder schlechte Laune haben und gar nichts mehr geht, überraschen Sie alle mit einem Glückswürfel und einem kleinen Gewinn oder Geschenk.

Ich kenne eine Fliege
Ein Tröstereim zum Kitzeln und Lachen

Ab 2 Jahren

Ein Kind aus der Reserve locken, zum Lächeln und dann zum Lachen bringen: Vielleicht gelingt es mit diesem kleinen Gedicht, bei dem am Anfang nur gesprochen, später aber auch leicht gekitzelt werden darf.

Das brauchen Sie

➡ eine „Fliege" (beispielsweise gebastelt aus einem Flummi, an den zwei Flügel geklebt sind)

Nehmen Sie sich kurz Zeit und setzen Sie sich mit dem Kind zusammen. Machen Sie einfach die Bewegungen zum Text mit und laden Sie das Kind ein, gegen Ende des Reims auch selbst mit aktiv zu werden. Wenn noch Zeit ist, kann es dem Kind auch helfen, nach dem Reim zu erzählen, wie die Fliege von ihm zu Hause bis hierher in die Kita geflogen ist – und was sie dabei vielleicht erlebt hat.

Ich kenne eine Fliege,
die kommt von dir daheim.
Sie bringt dir viele Grüße
und lädt dich zu uns ein.

dem Kind die Fliege zeigen

Sie fliegt um deinen Kopf rum
und kitzelt dich am Hals,
sie kitzelt dich am Öhrchen,
fliegt weiter mit Gebrumm.

das Kind ganz zart am Hals und an einem Ohr kitzeln

Sie kommt noch mal zurück, guck!
Sie brummt um dich herum,
landet auf der Nase,
fliegt weiter mit Gebrumm.

ganz sanft an der Nase kitzeln

Sag, wohin soll sie fliegen?
Wo kitzelt sie dich schön?
Du kannst's der Fliege sagen:
Wohin soll sie geh'n?

Jetzt kann das Kind eine Stelle zeigen, an der es gekitzelt werden möchte. Alternativ kann das Kind auch sagen, zu welchem Freund aus der Gruppe die Fliege weiterfliegen soll.

Sei nicht traurig!

Ein Tröste- und Aufheiterlied

Heimweh weg mit einem Lied? Ganz so einfach ist es vielleicht nicht. Aber vielen Kindern hilft es, wenn sie spüren, dass sie in der Kita willkommen sind – ob traurig oder fröhlich. Und dass andere Kinder ihnen dabei helfen können, wieder bessere Laune zu bekommen.

Singen Sie das Lied einfach zur Melodie von „Bruder Jakob". Holen Sie nach und nach mehr Kinder dazu, die mitsingen. Zum Schluss machen bei „hi, hi, hi" und „ho, ho, ho" alle vor, wie man lachen kann, wenn man eine Maus ist, ein dicker Räuber, der im Wald wohnt, ein Wichtel mit ganz hoher Stimme oder ein Vampir. Die Kinder haben bestimmt noch mehr Ideen, das Lachen verschiedener Tiere oder Fantasiegestalten nachzumachen. Beim Lachen, auch wenn es nur erfunden ist, wird das Gute-Laune-System in unserem Körper angeregt, es werden stimmungsaufhellende Hormone ausgeschüttet, und die Laune kann sich dadurch tatsächlich bessern!

Ab 2 Jahren

Sei nicht traurig,
sei nicht traurig,
wir sind da,
für dich da,
komm, mach tolle Sachen,
komm doch mit uns lachen!
Hi, hi, hi,
ho, ho, ho!

Ein Schmetterling für dich

Ein kleines Geschenk für trübe Stunden

Ab 4 Jahren

Manchmal weicht die schlechte Laune nicht, beispielsweise dann, wenn ein Kind echten Kummer hat. Verlust von Großeltern, Trennung und Scheidung, Tod eines Haustiers: Auch Kinder im Kindergartenalter erleben kleine und große Tragödien. Diesen Kindern können Sie mit einem kleinen symbolischen Geschenk viel mehr geben als mit materiellen Gegenständen. Sie zeigen damit, dass Sie an das Kind denken. Ein Beispiel für ein solches Geschenk von geringem Geldwert finden Sie hier.

Das brauchen Sie

- **Tonkartonrest in einer bunten Farbe**
- **Filzstifte, Glitzer, Sticker**
- **Schere**
- **die Vorlage auf dieser Seite**
- **ein längliches Geschenk zum Einstecken in den Schmetterling, beispielsweise einen besonderen Malstift, einen Lolli, ein langes Kaubonbon oder eine Haarklammer**

Variation

Sie können auch für jedes Kind einen Schmetterling herstellen und alle Schmetterlinge samt Geschenk in eine Schachtel füllen. Jedes Kind darf sich dann einen Schmetterling herausziehen. Wenn Sie die Schmetterlinge auf Vorrat herstellen, haben Sie immer ein kleines Tröstegeschenk zur Hand.

Übertragen Sie die Vorlage auf den Tonkarton und schneiden Sie den Schmetterling aus. An der gestrichelten Linie schneiden Sie den Tonkarton ein. Die Flügel können Sie mit Filzstiften oder auch etwas Glitzer oder Stickern gestalten. Dann einfach das Geschenk in den Schnitten einstecken und schon kann der Schmetterling angeflogen kommen und die kleine Aufmerksamkeit überbringen.

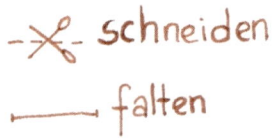

schneiden

falten

Blätter rascheln sanft im Wind

Ein Streichelgedicht zum Beruhigen und Trösten

Kinder, die mit Kummer oder Sorgen in die Kita kommen, können Sie mit diesem kleinen Reim wieder etwas aufbauen. Nach dem Gedicht ergibt sich auch die Möglichkeit zu einem kurzen Gespräch mit dem Kind.

Ab 1 Jahr

Das brauchen Sie

➡ **nach Wunsch: ein echtes Blatt (von einer ungiftigen Pflanze!)**

Setzen Sie sich mit dem Kind etwas abseits hin. Falls Sie gerade ein echtes Blatt, etwa ein schönes Herbstblatt oder ein besonderes Blütenblatt, zur Hand haben, geben Sie es dem Kind zum Betrachten und Befühlen. Sprechen Sie dann den Reim für das Kind und streicheln Sie es, sofern gewünscht, dazu.

Weißt du, wie die Blätter wispern,
wie sie rascheln und rauschen und flüstern?

mit dem Blatt wedeln oder rascheln

Sie rascheln und flüstern für dich im Wind,
denn jeder ist mal traurig: erwachsen oder
Kind.

mit dem Blatt wedeln oder rascheln

Sie streicheln so gern und trösten dich gut,
erzählen vom Fröhlichwerden und vom Mut.

*mit dem Blatt leicht über den Arm des Kindes
streicheln*

Was wollen sie sagen, was glaubst du?
Was rufen die Blätter von draußen dir zu?

*das Kind erzählen lassen, was die Blätter sagen
könnten*

Bald ist's wieder gut

Ein Kniereiter zum Trösten für die Kleinsten

Eine kleine Verletzung, jemand hat das Lieblingsspielzeug weggenommen … Es gibt viele Anlässe für ein Trösteliedchen. Verbunden mit einem lustigen Kniereiter begleiten Sie das Kind aus Schmerz oder Kummer wieder in die Fröhlichkeit.

Ab 1 Jahr

Nehmen Sie das Kind auf den Schoß und halten Sie es gut fest. Dann singen Sie dieses einfache Lied zur Melodie von „Heile, heile, Gänschen" oder zu einer selbst ausgedachten Melodie und führen die angegebenen Bewegungen aus.

… (Name des Kindes einfügen) sitzt im Auto, fährt schon voller Mut.

das Kind auf den Schoß nehmen und leicht wiegen

Brummt um eine Ecke, ist schon wieder gut.

mit dem Kind weit auf eine Seite lehnen

Fährt auf einem Rumpelfeld, saust ganz schnell durch diese Welt.

das Kind auf den Knien leicht hüpfen lassen, dann gut festhalten und nach hinten kippen lassen

Ach, du Schreck!
Kurze Tröstereime

Ab 1 Jahr

Ein Tröstereim hilft nicht nur den Kleinen, auch die älteren Kitakinder brauchen manchmal etwas Zuspruch. Hier finden Sie drei Tröstereime zur Auswahl – je nach Alter und Interessenlage der Kinder. Sie können die Sprüche wie im Text angegeben durch Pusten, Streicheln und/oder Kitzeln begleiten.

Zum Pusten
Ach, du Schreck, oh je, oh je,
ist nicht gut, tut richtig weh?
Puste einmal drauf mit Mut,
dann ist alles wieder gut!

Mit Zauberei
Manchmal hilft ein Zauberspruch,
aus 'nem alten Hexenbuch:
Trixeltraxel, Spinnenbein,
bald soll's wieder besser sein.

Streichelhilfe
Schnell vorbei und wieder gut,
durch Streicheln kriegst du wieder Mut.
Durch Kitzeln kannst du wieder lachen
und viele tolle Sachen machen.

Glückswürfel

Ein Ablenkspiel bei Streit und dicker Luft

Ab 3 Jahren

Ganz schnell den Streit vergessen: Das könnte mit diesem Würfelspiel gelingen, bei dem die Kinder kleine Überraschungen bekommen. Eine SOS-Lösung, wenn gar nichts mehr geht. Im Normalfall belohnen Sie natürlich Streit oder schlechte Laune nicht mit Überraschungen. Dieses Spiel ist nur zur Auflockerung gedacht!

Das brauchen Sie

➡ **einen großen Blankowürfel oder**
➡ **Tonkarton**
➡ **Klebstoff**
➡ **Schere**
➡ **Korb mit kleinen Geschenken/ Belohnungen**

Stellen Sie sich einen Würfel her (durch Aufmalen, Falten und Kleben) oder beschriften oder bekleben Sie einen Blankowürfel so, dass auf den sechs Seiten folgende Symbole zu sehen sind:

1) ein leeres Feld: Den Würfel weitergeben an das nächste Kind!
2) ein Feld mit einem Fragezeichen: Noch einmal würfeln!
3) ein Feld mit einem Stern: Gewonnen!
4) ein Feld mit einem Herz: Den Würfel an ein Kind weitergeben, das einem besonders am Herzen liegt!
5) wieder ein Feld mit einem Fragezeichen
6) wieder ein Feld mit einem Herzen

Beim Bemalen oder Bekleben des Würfels können die Kinder helfen oder Sie stellen den Würfel als Überraschung für die Kinder her. In einem Korb können Sie die kleinen Geschenke, Belohnungen und Überraschungen aufbewahren und mit einem Tuch abdecken.

Dann kann es losgehen: Lassen Sie streitende Kinder oder auch die ganze Gruppe das Würfelspiel machen: Wer ein leeres Feld erwürfelt, der gibt den Würfel an das nächste Kind im Uhrzeigersinn weiter. Wer ein Herz würfelt, gibt den Würfel an einen Freund weiter (bei nur zwei Kindern als Spieler an das andere Kind), wer aber den Stern würfelt, der hat schon gewonnen und darf sich blind eine Überraschung aus dem Korb ziehen.

Achten Sie nach Möglichkeit darauf, dass jedes Kind einmal den Stern würfelt und so alle Kinder eine kleine Überraschung erhalten. Streitende Kinder können sich mit einem Herzwurf versöhnen, wenn sie sich die Würfel übergeben, obwohl gerade noch gestritten wurde.

Variation

Statt kleiner Geschenke können sich im Korb auch Zettel befinden. Hier kann beispielsweise notiert sein, dass das Kind sich ein Lied im Morgenkreis wünschen darf oder bestimmen, was als Nächstes gespielt wird.

Komm, schein für mich!

Ein Ritual zum Streitschlichten mit Leuchtsternchen

Kleinere Streitereien, die eigentlich unnötig sind, können sich trotzdem als zäh erweisen. Sie machen Kinder missmutig und wirken sich somit auch auf das Klima in der ganzen Gruppe aus. Bauen Sie streitenden Kindern eine Brücke, über die sie mit Stolz gehen können, wenn sie ihren Streit wieder beilegen möchten, beispielsweise mit diesem kleinen Freundschaftsritual.

Das brauchen Sie

➡ **Herzen oder Sterne aus Nachtleuchtfolie oder nachtleuchtendem Kunststoff**

Ab 4 Jahren

Verdunkeln Sie den Raum so weit, dass die Sterne oder Herzen gut leuchtend zu sehen sind, oder wandern Sie mit den streitenden Kindern in einen dunklen Raum, etwa die Abstellkammer oder einen gut abzudunkelnden Ersatzraum in der Kita.

Jedes Kind bekommt einen Leuchtstern oder ein Leuchtherz in die Hand. (Achtung: Bei manchen Produkten müssen Sie das Leuchtmittel zunächst gut im Licht aufladen, bevor es im Dunkeln leuchten kann!)

Nun sprechen die Kinder den Freundschaftsspruch und wenn sie bereit sind, einander zu verzeihen, können sie ihre Hände öffnen und ihr Herz oder ihren Stern leuchten lassen. Wer leuchtet, gibt sich die Hand und verträgt sich wieder. Wer seine Hand nicht öffnen und sein Herz oder seinen Stern nicht leuchten lassen möchte, darf sich Zeit lassen und zu einem späteren Zeitpunkt noch einmal die Dunkelheit aufsuchen.

Freundschaft leuchtet hell und klar,
wie mein Herz (mein Stern) so wunderbar.
Ich lass das Licht jetzt wieder rein
wir wollen wieder Freunde sein.

Ich mag dich!

Freunde-Reime zum (Wieder-)Vertragen

Diese kleinen Freunde-Sprüche bieten sich nicht nur zum Streitschlichten an, sondern Kinder, die eine enge Beziehung zueinander aufgebaut haben, können damit auch ihre Freundschaft zum Ausdruck bringen und sich einmal sagen, wie sehr sie sich mögen. Toll, wenn die ganze Gruppe mitmacht!

Ab 2 Jahren

Ich mag dich und du magst mich,
Freundschaft ist das sicherlich.
Wie wertvoll, schön und wunderbar,
ich bin immer für dich da.

beim Sprechen können sich die Freunde oder einfach alle Kindern an den Händen fassen und die Hände dabei im Takt bewegen

Ein guter Freund, das ist das Beste,
besser als viel Geld und Schätze.
Wir halten zusammen wie Kleber und Leim,
wollen für immer Freunde sein.

zum Text stampfen, danach jubeln und Applaus klatschen

Mit Ruhe und Gemütlichkeit ins Gleichgewicht

„Versuch's mal mit Gemütlichkeit!", singen zwei tierische Helden in einem berühmten Zeichentrickfilm. Viele Kinder sind an langen Kita-Tagen überfordert und reizüberflutet, brauchen Pausen oder ruhige Auszeiten. Und vielleicht geht es auch Ihnen als pädagogischer Fachkraft so, dass Sie sich an manchen Tagen nach etwas mehr Stille und Beschaulichkeit sehnen. Dann helfen langsame und gemütliche Spiele, ein bisschen Yoga oder eine kleine Wohlfühlmassage. Ruhereime und eine Ohrenmassage können ebenfalls das Stimmungsbarometer ausgleichen. All das und noch viel mehr finden Sie auf den nächsten Seiten.

Zappelblättchen

Ein Tischkantenspiel, um zur Ruhe zu finden

Am Tisch macht dieses Spiel besonders viel Spaß. Sie können es beispielsweise vor einer gemeinsamen Mahlzeit einsetzen, um alle Kinder am Tisch in die Ruhe zu begleiten. Weil die Kinder hier auch die Arme einsetzen, kann die langsame Bewegung von Armen, Oberkörper, Händen und Fingern tatsächlich beruhigend wirken.

Zehn Blättchen, die tanzten und zappelten sehr,
wehten im Wind und tobten umher.

die Kinder halten die Hände hoch und schütteln sie

Der Wind wurde leiser und ruhiger dazu,
die Blättchen dachten: „Und jetzt? Nanu?"

weniger heftig schütteln, mit den Fingern wackeln

Noch leiser wurde es da und weg war der Wind,
die Blättchen sanken zur Erde geschwind.

*die Hände langsam wie im Windhauch auf den Tisch
sinken lassen*

Da lagen sie nun und ruhten sich aus,
dienten den Tieren als winziges Haus.

flüstern, die Hände ruhig liegen lassen

Würmchen und Schnecken, zwei Falter dazu,
die fanden hier herrliche Winterruh'.

flüstern, Schnarchgeräusche machen

Ab 2 Jahren

Komm an und fühl dich wohl!

Ein Bewegungsgedicht im Sitzen

Ab 2 Jahren

Dieses Gedicht können Sie mit den Kindern im Sitzen auf dem Boden durchführen. Vom Lärm führt der Text sie immer weiter in die Ruhe und Stille. Lassen Sie die Kinder am Ende noch einige Minuten ruhig sitzen oder liegen, damit sie die Entspannung voll auskosten können.

Kommen Sie in einem lockeren Sitzkreis auf dem Boden zusammen. Sprechen Sie den Text vor und begleiten Sie ihn mit den vorgeschlagenen oder selbst ausgedachten Bewegungen. Die Kinder machen direkt mit. Wer hat Lust auf eine zweite Runde? Fragen Sie die Kinder, wie sie sich vor dem Gedicht und wie sie sich danach fühl(t)en.

Erst trappelt der Regen auf unser Dach,
(mit den Händen auf den Boden trommeln)
dann hagelt's und donnert's mit Wumms und mit Krach.

mit den Füßen dazu auf dem Boden trommeln

Im Sturm wild und frei hört man die Vögel laut schrei'n,
ein Blitz zuckt, oh je, fängt es auch an zu schnei'n?

mit der Stimme den Sturm oder das Vogelgeschrei nachmachen

Da verzieht sich der Sturm und der Hagel dazu,

zuerst aufhören, mit der Stimme Sturm und Vögel nachzumachen, dann aufhören, mit den Füßen auf den Boden zu trommeln

der Regen wird schwächer, kommt schließlich zur Ruh'.

jetzt auch aufhören, mit den Händen auf den Boden zu schlagen

Es tropft noch und tröpfelt mal hier und mal da, doch ruhig ist es nun, wie wunderbar!

flüstern und nur mit den Fingerspitzen ganz leicht auf den Boden tippen

Hört nur, wie leise das Windchen jetzt weht, wenn es leicht über Felder und Wiesen geht.

flüstern, sonst ist Stille

Fühl dich doch wohl, fühl dich zu Haus', Gewitter und Sturm sind jetzt nämlich aus.

flüstern, die Kinder dürfen sich nach Wunsch zurücklegen und ein bisschen im Liegen oder Sitzen ausruhen

Im Schmetterlingsgärtchen

Eine Fantasiereise in einen geheimen Ruhe-Garten

Wie es sich wohl anfühlt, einen Schmetterling zu streicheln? In dieser Geschichte finden die Kinder es heraus. Viele Sinneseindrücke laden die Kinder ein, sich ganz auf ihre Fantasie einzulassen – und so Ruhe und Erholung zu finden.

Ab 4 Jahren

Das brauchen Sie

- Matten/Matratzen für die Kinder
- schöne Lichtquelle, beispielsweise eine Lichterkette
- nach Wunsch: Entspannungsmusik
- nach Wunsch: eine Duftlampe oder einen Diffuser mit Blütenduft (zum Beispiel Lavendel oder Jasmin)

Vorbereitung

Um die Kinder aus der Bewegung in die Ruhe zu begleiten, können Sie die Entspannungsmusik abspielen. Gemeinsam können Sie nun den Raum vorbereiten und dekorieren, etwa für eine schöne Beleuchtung sorgen, die Matten oder Matratzen ausbreiten und nach Wunsch die Duftlampe oder den Diffuser anmachen. Sobald die Kinder gemütlich liegen, erkundigen Sie sich bei ihnen, wonach es im Raum riecht. So können Sie gleich ihre Aufmerksamkeit gewinnen und Spannung erzeugen. Die Geschichte könnte eine Antwort liefern.

Nach der Geschichte

Im Anschluss an die Geschichte können die Kinder von ihren Eindrücken berichten und sich austauschen. Darum sollten Sie auch genügend Zeit einplanen, damit alle Kinder aus der Ruhe wieder in den Kitaalltag finden können.

Kennst du den kleinen Grashalm draußen auf der Wiese direkt neben dem kleinen Kieselstein? Nein? Stell dir vor, du wärst ganz klein, sehr klein: etwa nur noch so groß wie dieser Grashalm. Wie ein kleiner Wichtel. Wenn du auf der Wiese gehst, sind die Halme so groß wie du. Du musst die Halme zur Seite biegen, wenn du zwischen ihnen umherlaufen möchtest.

Ganz ruhig und sonnig ist es hier auf der Wiese der kleinen Tiere und Schmetterlinge, denn es ist ein herrlicher Tag.

Das Gras duftet. Kannst du riechen, wie es duftet? Nach Heu, nach frischem Gras? Oder nach den Blüten der Blumen?

Die Sonne scheint warm auf dich herab. Fühlst du ihre Wärme auf deinem Bauch und wie gut das tut?

Ein ganz leiser Wind streichelt über dein Gesicht. Kannst du ihn fühlen?

Hier auf der Wiese ist es immer so: Es ist warm, gemütlich, es duftet und … man kann Abenteuer erleben.

Vor dir leuchtet etwas gelb und hellblau und silbern. Was kann das nur sein? Vorsichtig gehst du näher. Die Farben glitzern und leuchten in der Sonne.

Ach, es ist ein Schmetterling, der seine Flügel ausbreitet! Vorsichtig gehst du zum Schmetterling hin. Wenn du die Hand hebst, kannst du ihn streicheln. Er fliegt nicht weg, denn er ist ja genauso groß wie du. Deine Hand landet auf dem Kopf des Schmetterlings. Er fühlt sich ganz zart und flauschig an. Langsam streichelst du über den Kopf des Schmetterlings. Und noch einmal. Dem Schmetterling gefällt das.

Dann faltet er seine Flügel zu und wieder auf. Die Sonne glitzert auf seinen Flügeln. Der Schmetterling fliegt hoch in die Sonne, du kannst ihn über dir sehen.

„Auf Wiedersehen!", rufst du dem Schmetterling zu.

Hör einmal ganz genau hin: Antwortet dir der Schmetterling? Was ruft er dir zu?

Langsam gehst du durch die Wiese zurück, biegst die Halme um und gelangst wieder zum Kieselstein. Und jetzt wirst du langsam wieder groß, riesig groß, wie ein Kindergartenkind. Jetzt bist du zurück im Gruppenraum und später kannst du dich mit den anderen Kindern beraten, wie es auf der Wiese geduftet hat.

Ausruhen wie die Katzen

Eine Mini-Yogareise ins Reich der gemütlichen Schnurrer

Katzen können so toll entspannen wie kaum ein anderes Tier. Das weiß jeder, der schon einmal eine Katze beim Schlummern beobachtet hat. In dieser kleinen Yogareise empfinden Sie das gemütliche Strecken und Recken der Vierbeiner mit den Kindern nach. Gut für Ihren Rücken und gut für das Körpergefühl der Kinder.

Das brauchen Sie

→ **für jeden Teilnehmer eine Yoga- oder Turnmatte**
→ **nach Wunsch: Fotos von entspannten Katzen**

Ab 3 Jahren

Haben die Kinder schon einmal gesehen, wie sich eine Katze streckt und wie sie gähnt? Können die Kinder das vormachen? Loben Sie die Kinder für ihre Vorführungen. Wollen die Kinder gern einmal eine Katzenturnübung machen?

Machen Sie die Übung vor: Dazu kommen Sie in den Vierfüßlerstand auf die Matte. Der Körper ruht nun auf Knien und Händen. Wichtig: Der Kopf ist gerade nach vorne gestreckt, liegt nicht im Nacken und hängt auch nicht nach unten. Was meinen die Kinder, wie man nun einen Katzenbuckel macht? Können sie es vormachen? Dazu kommen nun auch die Kinder auf ihren Matten in den Vierfüßlerstand. Nachdem die Kinder vorgemacht haben, wie ein Katzenbuckel funktioniert, geht's los:

Zuerst den Rücken ganz weit nach oben biegen (wie eine Katze, die einen Buckel macht). Der Kopf darf nun nach unten sinken. Dann biegt sich die Katze in die andere Richtung.

Hier können Sie nun in ein leichtes (!) Hohlkreuz gehen. Dabei strecken Sie den Kopf ganz weit nach vorne (nicht nach oben!). Das können die Kinder schon sehr gut? Dann wechseln Sie die beiden Bewegungen ab: Buckel, Hohlkreuz, Buckel, Hohlkreuz. Wer kann im Rhythmus des eigenen Atems langsam (!) zwischen den beiden Stellungen wechseln? Führen Sie die Übung so oft gemeinsam durch, wie die Kinder Lust und Ausdauer haben.

Kommen Sie danach ins Knien oder Sitzen und spüren Sie gemeinsam nach, wie sich der Rücken jetzt anfühlt (gelöst, gelockert, entspannt).

Entspannte Ohren

Eine Ohrenmassage zum Entspannen und Konzentrieren

Wer müde, muffelig oder einfach nicht so ganz da ist, dem tut diese Ohrenmassage gut. Durch die Massage werden die Ohren besser durchblutet, die Konzentration wird angeregt und das Gehirn wird auf angenehme, aber entspannte Weise wach – morgens oder immer dann, wenn es nötig ist.

Ab 4 Jahren

Das brauchen Sie

➡ **nach Wunsch: ein für Kinder geeignetes Massageöl (etwa reines Jojobaöl oder siehe Tipp unten)**

Die Kinder stellen sich in einem lockeren Stehkreis auf oder Sie setzen sich mit ihnen in einem Sitzkreis auf den Boden. Die Ohrenmassage machen alle gleichzeitig mit:
Zuerst ganz sanft (!) die Ohrläppchen massieren oder reiben.
Dann ganz oben am Ohr den Zeigefinger unter die Ohrmuschel legen und den Daumen auf der anderen Seite aufsetzen. Das Ohr an dieser Stelle zunächst leicht reiben. Dort, ganz oben am Ohr, befindet sich der sogenannte Shen-Men-Punkt, der auch Himmelsbrücke (Gate of Heaven) heißt und ein bekannter Akkupressurpunkt ist. Bei Stress, Kopfschmerzen oder geistiger Erschöpfung kann eine leichte Massage oder ein Druck auf diesen Punkt helfen.

Tipp

Ältere Kinder ab etwa fünf Jahren können die Wirkung der Massage durch Verwendung eines geeigneten Aromaöls verstärken: Da stark riechende Aromaöle wie Pfefferminz, Thymian oder Eukalyptus für Kinder noch nicht geeignet sind, sollten Sie hierzu höchstens ein bis zwei Tropfen eines naturreinen ätherischen Öls (für Kinder etwa Immortelle oder Kamille) auf 10 ml Mandel- oder Jojobaöl geben.

Die kleine Raupe

Eine Gute-Laune-Massage zum Kitzeln und Lachen

Warum tut uns Lachen so gut? Vielleicht, weil beim Lachen Hunderte von Muskeln in Gesicht und Körper beteiligt sind, die sich zusammenziehen und danach wieder entspannen und somit gelockert werden. Oder weil Lachen eben einfach die Stimmung hebt. In dieser Kitzelmassage können Sie das mit den Kindern selbst ausprobieren.

Das brauchen Sie

➧ **nach Wunsch: Matten oder Kissen**

Ab 4 Jahren

Die Kinder nehmen in einer Reihe oder im Kreis hintereinander auf den Kissen oder Matten Platz, sodass immer ein Kind den Rücken des vor ihm sitzenden Kindes massieren kann. Sie selbst machen die Übungen auf dem Boden oder auf dem Rücken einer Kollegin vor. Die Kinder können aber auch nach eigenen Ideen kitzeln und massieren, wenn sie sanft und vorsichtig vorgehen. Nach der Massage drehen sich die Kinder einfach um 180 Grad herum, sodass die Massagepartner wechseln, und massieren und kitzeln noch einmal.

Es war einmal eine kleine Raupe, die auf einem großen Baum lebte.

mit zwei Fingern als Raupe über den Rücken kriechen

Die Raupe hatte 64 Beinpaare, mit denen sie ganz schön schnell war.

ganz schnell mit den Fingerspitzen über den Rücken „krabbeln" oder kitzeln

Aber heute musste die Raupe ganz vorsichtig sein, denn ein hungriger Vogel war in der Nähe. Darum schlich sie ganz, ganz leise …

ganz zart von unten nach oben über den Rücken krabbeln

… ganz, ganz, ganz leise …

noch sanfter krabbeln

… und verkroch sich unter einem Blatt.

mit der Hand unter das Ohrläppchen krabbeln und unter dem Ohr am Hals kitzeln

Sie kuschelte sich unter dem Blatt zusammen …

auf der Schulter oder unter dem Ohr kitzeln

… und wartete einfach ab. Aber statt des Vogels kam der Regen. Die Tropfen prasselten auf das Blatt herab, …

mit den Fingerspitzen auf den Rücken tippen

… liefen am Blatt herab …

mit den gespreizten Fingern über den Rücken und an der Seite entlangreiben oder -kitzeln

… und platschten auf die Blätter darunter.

mit den Handflächen sanft auf den Rücken drücken

Als es endlich aufhörte zu regnen, kam die Sonne hervor und kitzelte die Blätter mit ihren Strahlen. Die Strahlen kitzelten die Blätter, die Zweige und die Äste des Baums.

überall auf dem Rücken kitzeln

Da fasste sich die Raupe ein Herz und verließ ihr Versteck. Sie trappelte und trippelte mit all ihren Füßchen und führte einen kleinen Raupentanz auf.

die Fingerspitzen auf dem Rücken bewegen

Als es langsam Abend wurde, wurde die kleine Raupe müde. Sie gähnte und streckte sich und kuschelte sich auf ihrem Blatt zusammen. Der Wind wiegte das Blatt sanft hin und her: Und wenn ihr einmal an einem Baum mit Blättern vorbeikommt, könnt ihr die kleine Raupe dort vielleicht schlummern sehen.

mit den Händen von oben nach unten über den Rücken streichen und dann sanft mit den Fäusten von unten nach oben den Rücken entlang drücken

Impressum

Bibliografische Information der Deutschen Bibliothek
Die Deutsche Bibliothek verzeichnet diese Publikation in der Deutschen
Nationalbibliografie; detaillierte bibliografische Daten sind im Internet über
http://dnb.ddb.de abrufbar.

1. Auflage 2020
© 2020 Verlag Ernst Kaufmann, Lahr

Text: Suse Klein
Illustrationen: Maryse Forget
Abbildungen: S. 14 Pferd © Viktoriia Manuilova - Adobe Stock, S. 18 Glocke
© Catya Shok – Shutterstock, S. 25 Regentropfen © undrey – Adobe Stock,
S. 30 Floh © Елена Фаенкова – Adobe Stock, S. 32 Frosch © wegener17 –
Adobe Stock, S. 36 Knöpfe © Tatiana – Adobe Stock, S. 56 Blätter © Guz
Anna – Shutterstock
Satz & Gestaltung: Katrin Kleinschrot

Druck und Bindung: Balto Print
ISBN 978-3-7806-5143-3